AF231723

L 44
b
101071

RÉPONSE

AU

MANIFESTE

DU ROI DE PRUSSE.

~~~~~~~~~~~~

A PARIS,

De l'Imprimerie des ANNALES DES ARTS ET MANUFACTURES, rue J.-J. Rousseau, n°. 14.

AN 1806.
~~~~~~~~~~~~

AVANT-PROPOS.

LE Manifeste de la Prusse était fait avant que la guerre ne fût déclarée. Il a été publié le 9 octobre dans le camp du Roi de Prusse ; mais il n'a paru dans les journaux de l'Allemagne que vers les premiers jours de novembre, et nous n'avons reçu une copie authentique de cette pièce que le 12 de ce mois.

A Paris, le 15 novembre 1806.

RÉPONSE

AU

MANIFESTE

DU ROI DE PRUSSE.

~~~~~~~~~~~~~~~~~~~~

LE roi de Prusse, en prénant subitement les armes contre la France, a cru devoir retracer à l'Europe entière *les faits qui lui en ont imposé le devoir.* S. M. a agi fort sagement ; car toute l'Europe ignorait les griefs de la Prusse.

S. M. débute par déclarer *que la politique française avait été quinze ans le fléau de l'humanité.* Si d'un côté, ses ressentimens datent de loin,
~~~~~~~~~~~~~~~~~~~~

de l'autre il faut que l'amitié qu'elle portait à la France ait été bien vive et sa patience bien grande, ou qu'elle ait été influencée par des motifs secrets bien puissans pour avoir vu tranquillement les progrès successifs de ce qu'elle appelle maintenant *un fléau !* Ce regret tardif de la Prusse est peu consolant pour ceux qui comptaient l'avoir pour alliée : il est peu affectueux pour la France, envers laquelle elle faisait tant de protestations d'amitié , et peu honorable pour la Prusse elle-même, qui semble attacher si peu d'importance aux variations de ses sentimens politiques. Ainsi, de toutes les puissances qui se font la guerre, depuis quinze ans, l'une peut désormais ne voir dans la tolérance de la Prusse qu'un calcul d'égoïsme, et les autres qu'une longue trahison.

En faisant remonter si haut les motifs de son mécontentement, S. M. le roi de Prusse donne à la France le droit de lui rappeler comment il abandonna le premier la cause des rois en 1792 ; avec quelle indignité on traita, dans son propre camp, les défenseurs du trône, et comment sa défection fut la première sanction d'un changement si dangereux. Certes, lorsque ni le supplice de Louis XVI, ni l'expulsion du Stathouder, parent de S. M. prussienne, ni l'invasion de la Hollande, que la Prusse regardait comme une propriété de famille, ni d'autres conquêtes, ni les progrès enfin d'un système qui menaçait toutes les monarchies, n'ont pu ébranler l'amitié que la Prusse portait alors à la France ; lorsqu'on a vu son ambassadeur, précédant tous les autres, s'asseoir à ces banquets civiques où l'on jurait la perte des rois, on pouvait croire l'affection de la Prusse à toute épreuve. Si tant de motifs n'ont pu altérer un instant ses liaisons avec la France, il faut que les griefs qui la poussent maintenant dans une guerre plus dangereuse, soient aussi d'un caractère plus grave, et qu'ils se lient à des considérations plus importantes. Le roi de Prusse vient de mettre l'Europe à portée de les juger.

On s'étonnera de voir que dans une pièce où il ne devait être question que des relations ou des intérêts respectifs de la France et de la Prusse, le cabinet de Berlin ne fasse d'abord valoir que des griefs qui lui sont étrangers et qu'il regarde comme des injures person-nelles des agrandissemens faits sur des puissances qu'il pouvait secourir plus efficacement, s'il a cru qu'ils étaient in-

justes. Aujourd'hui que les contesta-
tions entre la France et l'Autriche
sont réglées ; aujourd'hui que le sort
de l'Italie , de la Suisse et de la Hollande est fixé , les récriminations de
la Prusse sont aussi dérisoires qu'inu-
tiles. La France regrette d'être forcée, pour lui répondre , de rappeler
des torts qui ne sont plus , de parler
encore d'une guerre qui est finie , et
que l'Autriche a du moins faite avec
autant de franchise que de courage, et
de revenir sur les conséquences qui
en ont été la suite inévitable. L'empereur Napoléon ne veut point hu-
milier ceux qu'on regarde désormais
comme ses amis ; mais la France doit
poursuivre ceux qui l'attaquent, dans
l'asile où ils se retranchent , et il im-
porte à tout le monde d'arracher à la
perfidie le masque hypocrite dont
elle croit se couvrir.

Lorsque Napoléon fut appelé au gouvernement par les vœux du peuple et de l'armée, la France espéra le bonheur et la gloire, ses espérances ont été remplies. Tous les souverains durent voir avec joie cette nouvelle révolution qui faisait cesser les dangers dont ils étaient menacés et le scandale d'une anarchie contagieuse dont l'Europe était effrayée. Il s'agissait moins alors pour eux d'acquérir quelques provinces que de sauver leurs couronnes. Ainsi, loin d'opposer le moindre obstacle à l'élévation de l'empereur Napoléon, ils devaient l'encourager et craindre de prolonger une crise qui pouvait encore embrâser l'Europe. Cependant, il n'est que trop vrai de le dire, c'est à ce moment même, où l'empereur retirait la France des décombres, et travaillait à rassurer l'ordre social, que la haine aveugle employa les moyens les plus dangereux et les plus atroces pour ruiner son ouvrage et détruire le service éclatant qu'il avait rendu à tous les rois. C'est à ce moment que les complots de toute espèce et des agressions criminelles prouvèrent qu'on en voulait bien moins aux principes et aux effets de la révolution qu'à la France elle-même. Ainsi, les exagérations, les cruautés et les crimes de la révolution ont trouvé leur excuse dans la conduite de ses ennemis. Ils ont constamment travaillé à élever la puissance qu'ils pensaient toujours détruire. Qui ne sait ce que, dans les armées même de la coalition, les Français, dévoués à la cause du roi, ont eu à dévorer de rebuts, de misère et d'humilations ? Qui ne sait que dans des villes frontières, où le vœu d'un parti appelait les armées royales, on vit avec indignation flotter l'étendard de l'étranger? Bientôt enfin, grâces à cette haine, à cette avidité précoce, manifestées si imprudemment, la coalition n'eut plus de partisans parmi les Français, et tous se dévouèrent sincèrement à la défense d'une patrie que Napoléon bientôt devait leur rendre si glorieuse et si prospère.

Des victoires multipliées et des traités avantageux ont été l'effet de tant de haine d'une part, et de l'autre du dévouement universel de tous les Français à la cause de la nouvelle monarchie. La France ne voulait d'abord que la paix; mais sa sûreté demanda qu'elle se fît des alliés des pays qu'elle pouvait garder comme des conquêtes. Ses ennemis, toujours conspirant contre elle, la réduisaient toujours à prendre de nouveaux avantages. Le roi de Prusse a vu les efforts qu'on renouvelait sans cesse contre elle ; il a plusieurs fois reconnu la légitimité des moyens qu'elle prenait pour sa défense. N'eût-il eu en vue que de profiter de l'affaiblissement des parties belligérantes, ou de vendre chèrement son inaction, il ne lui convient pas de se plaindre aujourd'hui des effets d'un système qu'il a encouragé. Les guerres des trois coalitions lui ont été étrangères ; il n'est pas en droit d'en rappeler les griefs. Si la politique de la France a été un *fléau* pour l'Europe, l'Europe peut l'accuser d'en avoir été le complice : ses déclarations et ses regrets, s'ils étaient fondés, ne lui laisseraient que la honte d'avoir vu le bon parti, et la lâcheté de l'avoir trahi.

La France ne doit point au roi de Prusse des explications qu'il demande si tard et dont il n'a jamais eu besoin. Il n'a point ignoré qu'après les traités de Lunéville et d'Amiens, lorsque l'Empereur Napoléon n'aspirait qu'à assurer à la France les bienfaits d'un bon gouvernement et les fruits d'une paix glorieuse, les ennemis qui devaient le regarder comme un génie tutélaire, envoyé pour préserver l'ordre social, redoublèrent de haine et d'efforts. Le service éminent qu'il avait rendu aux rois, à l'Europe entière, fut méconnu; la paix ne fut considérée que comme une *trève armée*, c'est-à-dire un moyen plus assuré de se préparer à la guerre. Des assassins furent débarqués en France; des Français furent corrompus; des ambassadeurs, envoyés dans des cours voisines de la France, furent apostés pour diriger les mouvemens des conspirateurs et payer leurs crimes. Dans cette occasion, la France ne pouvait pas s'offrir sans défense à des ennemis armés de tous les crimes et violant les droits les plus sacrés. On a massacré ses ambassadeurs, on a soldé plusieurs fois des assassins dans la capitale même : la France n'a pris hors de son territoire que des moyens d'une défense légitime, que ceux dont on peut se servir contre des gens, qui par leur mission ou leurs complots avérés, se mettaient ouvertement hors du droit des nations.

Non content de ces indignes manœuvres, on indisposait la Hollande, on agitait la Suisse, on inquiétait l'Italie, on voulait entourer la France d'un cordon d'ennemis, on faisait la guerre long-temps avant que d'être sur le champ de bataille. La France n'opposa pourtant que des mesures régulières à des attaques perfides : on opposa le vœu des Hollandais aux machinations secrètes, le suffrage des Italiens aux intrigues étrangères, et l'affection sincère du gouvernement helvétique au projet d'en faire un poste avancé pour pénétrer dans la Franche-Comté. Elle aurait pu garder ces pays comme des conquêtes : la maison de Brandebourg n'avait pas eu plus de droits à la possession de la Silésie, elle n'en avait pas de si légitimes à faire valoir au partage de la Pologne. Cependant la France aima mieux avoir des alliés que de nouvelles provinces. Son parti prévalut partout sur celui de ses ennemis, parce qu'elle garantissait une paix sûre, une protection efficace, et qu'ils n'offraient que la guerre pour le présent, et l'incertitude pour l'avenir. Tout homme de bonne foi reconnaîtra que dans la situation des choses, dans le froissement des grandes puissances, la séparation absolue de la Hollande, de la Suisse et de l'Italie, et leur isolement de toute influence française, étaient mille fois plus dangereux pour elles que la protection du vainqueur. Le vœu des peuples alliés était un titre incontestable. Mais enfin s'il était vrai que c'eût été là le véritable motif de la coalition, ces arrangemens avaient encore reçu le sceau de la victoire et de la paix. Le roi de Prusse, qui ne s'est pas mêlé de la contestation, vient s'en plaindre! nous lui répondrons avec l'Autriche : « *Il fallait* « *vous trouver aux champs de Ma-* « *rengo.* »

Le sort de l'Hanovre joue un rôle

non moins singulier dans le manifeste prussien. S. M. commence par se plaindre des événemens qui en ont fait une province prussienne, et ensuite elle s'irrite à la seule idée de la perdre. Il y a dans cette partie du manifeste un embarras et des contradictions qui demandent quelques développemens.

On commence par contester à la France le droit d'attaquer l'Hanovre : dans ce cas, il fallait s'y opposer ou protester à temps. Mais la justification de la France n'est pas difficile.

Le roi d'Angleterre, faisant une guerre horrible à la France, voulait qu'on restât en paix avec l'électeur d'Hanovre. Cependant, l'électeur d'Hanovre n'était sur le continent que l'allié fidèle, le courtier et l'instrument du roi d'Angleterre. C'est là qu'on organisait en pleine liberté les complots de toute espèce, qu'on débarquait les espions et les assassins; c'est de là que, comme membre du corps germanique, on ne cessait d'exciter des discussions à la diète de Ratisbonne. On conçoit bien que le roi d'Angleterre ne voulût point la guerre en sa qualité d'électeur d'Hanovre, parce qu'il était le plus faible. Mais de même qu'un électeur avait le droit de faire la guerre partiellement, comme plusieurs en avaient usé, la France avait le droit de la lui déclarer. L'électeur ne voulait pas l'accepter ; mais la France pouvait la lui faire ; et, en effet, il était étrange de séparer deux personnes si bien unies que le roi d'Angleterre et l'électeur d'Hanovre. Quand la France perdait sa marine et ses colonies, il eût été trop complaisant de respecter une province ennemie.

Ici, comme dans tout le reste du manifeste, la Prusse est en contradiction avec elle-même : toujours sa triste et misérable politique ne lui laisse que des torts à confesser ! Elle dit qu'elle souffrit l'invasion de l'Hanovre *et qu'elle eut tort*. Elle avoue qu'elle offrit à la cour de Londres de s'y opposer *sous des conditions que la cour de Londres refusa*. Déplorable rôle que celui de marchander sans cesse pour ce qu'on croit juste, et de vendre son inaction à celui dont on espère ou dont on craint le plus...!

Cependant, à l'époque dont il est question, la Prusse voulait jouer le rôle de médiatrice de l'Europe ; elle prétendait être le rempart des puissances du Nord. A entendre les plaintes qu'elle allègue aujourd'hui, il semble qu'elle fût plus offensée que les autres. Une coalition se forme dans le sein de la paix, la Prusse figure dans la discussion des intérêts, mais elle ne paraît point sur le champ de bataille. On l'annonce de moment en moment. A Londres, le parti de l'opposition crie que l'Autriche et la Russie ne peuvent rien faire d'utile sans le concours de la Prusse, et les ministres donnent plus que des espérances ; à Vienne et à Saint-Pétersbourg on en donne l'assurance positive ; à Berlin, l'entrevue *si touchante* de l'empereur Alexandre et du roi ne laisse aucun doute sur une coopération prochaine. Mais tandis que le cabinet prussien marchande, la guerre commence par des coups de tonnerre, et le sort de l'Autriche est déjà décidé sous les remparts d'Ulm.

Ce fut alors qu'une division française passa sur le territoire d'Anspach, rapidement, avec le caractère le plus amical, et sans laisser la moindre trace de violence, par la nécessité seule d'exécuter des mouvemens, d'où dépendait la sûreté de l'armée.

Jamais passage, exécuté avec cette tranquillité, n'a excité entre des puissances amies que des éclaircissemens. L'Autriche et la Prusse en ont donné plusieurs fois l'exemple. L'Autriche avait souvent fait passer des troupes sur le territoire neutre de la Bavière pour les envoyer dans le Tirol et dans l'Italie. Ce qui avait donné à la dernière invasion en Bavière un caractère décidé de violence et d'hostilité, c'est qu'elle avait été suivie de contributions, de l'incorporation forcée de l'armée bavaroise, etc.; mais rien de tout cela

n'avait eu lieu sur le territoire d'Anspach.

Cependant la Prusse, qui prétend
avoir tant d'autres griefs à faire valoir, regarde celui-ci comme un af-
front sanglant, comme une raison
décisive. S. M. prussienne paraît ré-
solue de précipiter tout son peuple
dans les horreurs de la guerre, parce
qu'un petit coin d'un territoire fort
éloigné de ses états a été foulé par
les chevaux de l'armée française, et
alors *elle déclare à la France que tous
ses engagemens avec elle sont dissous.
Elle fait prendre à ses armées une attitude convenable aux circonstances.....*

Il est aisé de voir pourquoi le roi
de Prusse devint si subitement cha-
touilleux sur sa neutralité : jusques-là
il avait été secrètement flatté des revers d'un suzerain qu'il voulait regarder comme une puissance rivale ;

il avait travaillé de bonne foi à l'hu-
miliation de l'Autriche. Mais alors il
trembla de l'ascendant que quinze
ans de guerres injustes et de victoires
glorieuses avaient donné à la puissance française..... Qui croirait néan-
moins qu'au milieu des exagérations
de sa colère, et malgré la conviction
où le cabinet de Berlin se croyait
de son importance , sa politique
ordinaire dût encore l'emporter
sur cette injure qu'il ne croyait
pouvoir laver que dans des flots de
sang français ? Au moment où l'on
croit le voir arriver sur le champ
de bataille, *il offre*, dit le manifeste,
aux coalisés d'être l'organe de la paix.
Mais par l'habitude d'une contradiction constante entre ce qu'il fait et
ce qu'il déclare, il souscrit secrètement, le 3 novembre, l'engagement de s'unir aux Russes et aux
Autrichiens.

Cet engagement était certainement une grande faute politique : mais il est des circonstances où les fautes même annoncent du courage, et où, comme certains revers, elles ne sont pas sans honneur. Sans doute, si cet engagement eût été fidèlement exécuté, si la Prusse eût fait immédiatement avancer son armée, la France eût pu se plaindre d'une légéreté si grande dans ses liaisons, et d'une irritation si prompte et si peu motivée, d'un changement si subit ; mais du moins c'était une guerre franche, et le courage en eût décidé. Toutefois le roi de Prusse fut circonspect. Les dangers, qu'il vit encore dans l'exécution de sa vengeance, modérèrent son impatience. La grande armée victorieuse marchait sur Vienne, mais une autre armée française menaçait alors la

Franconie, et quelque poids que la Prusse veuille attacher à la résolution qu'elle eût pu prendre, le sort de la France ne dépendait point alors de sa politique.

Aussi la prudence ordinaire l'emporta. Il ne paraît encore cette fois au milieu des puissances belligérantes qu'un ambassadeur au lieu d'une armée, et cet ambassadeur, témoin d'une victoire décisive, n'arrive là que pour signer une alliance, et pour être témoin du traité de Presbourg.

Jusqu'ici la Prusse n'a rien de personnel à reprocher à la France que le passage sur le territoire d'Anspach. Elle se fait en *paroles* le champion de ceux qui lui demandaient des *effets* : elle se présente sur la scène quand il n'y a plus d'acteurs. Elle veut affecter un rôle imposant, mais elle éprouve la mortification d'être méconnue par toutes les puissances dans un rôle qui ne lui convient point. Il lui sied mal en effet de vouloir dicter des lois quand elle n'a pas voulu combattre, et de plaider pour ceux qu'elle a refusé de défendre.

Après cette conduite tortueuse, elle tira cependant de grands avantages d'une querelle où elle n'était pas entrée, et d'une paix décidée seulement par la victoire. Elle offre et échange trois petites provinces de son domaine contre la permission de prendre l'Hanovre, objet depuis long-temps de sa convoitise, et qui était si fort à sa convenance. Elle n'ose l'avouer aujourd'hui ; elle passe légèrement, comme sur des charbons ardens, sur cette concession qu'elle a désirée, sollicitée, et sur laquelle la France n'a jamais stipulé autre chose qu'un *laisser faire*. Cependant la Prusse a fait aussitôt administrer le pays en son nom, elle a fait partout apposer ses armes, elle a levé des impôts et exercé tous les priviléges de la souveraineté. Par ce fait seul elle était en guerre avec l'Angleterre, comme par ses prétentions sur la Poméranie suédoise, elle s'était armée contre la Suède. D'amie de la France, la Prusse était devenue son allié, et avait promis de soutenir ses intérêts. Elle devait commencer par fermer ses ports aux ennemis éternels de la France. Mais au moment où tout lui commandait d'avoir enfin une politique franche et décidée, la Prusse prit, au grand étonnement de l'Europe, une attitude encore plus équivoque et plus hypocrite. Ses ports étaient bloqués, des armées étaient en présence, et l'on ne savait encore si l'on était en guerre. Après avoir exercé plusieurs mois les droits de souveraineté dans l'Hanovre, le roi de Prusse commença à témoigner au roi d'Angleterre qu'il se voyait à regret forcé d'en retenir le patrimoine. A présent il semble ne vouloir qu'une *possession temporaire*, et bientôt on va voir que le plus violent de ses griefs est, que l'Angleterre a proposé la paix avec la France sur la base de cette restitution même que le roi de Prusse paraît tant désirer. Jamais énigme ne fut plus difficile à résoudre.

Le cabinet de Berlin se plaint que le traité de Presbourg était tout en faveur de la France; voilà un reproche bien étrange! L'effet ordinaire de la victoire n'est-il pas

d'assurer des avantages au vainqueur?
La France, en sortant d'une lutte où
l'on avait conspiré sa ruine, devait-
elle laisser à ses ennemis les moyens
de renouer les mêmes complots, et
de ramener les mêmes calamités?

Cependant ces ennemis recouvrè-
rent presque tout ce qu'ils avaient
perdu. La France se contenta de ce
qu'il fallait pour garantir sa gloire
et leur tranquillité, tandis que les
rois ligués se partageaient ses dé-
pouilles avant même que d'entrer
en campagne. Les mesures prises
alors par l'empereur Napoléon n'eu-
rent pour objet qu'une paix solide
et même honorable aux vaincus. Les
autres conquérans gardent leurs conquêtes, il ne fit servir l'ascendant
de ses armes qu'au bien de ses alliés
et à la sécurité des autres potentats.
Le traité de Presbourg contenait les

élémens d'une organisation politique plus analogue aux intérêts respectifs de l'Allemagne. Leur volonté libre en a jeté les bases. Les arrangemens faits postérieurement au traité de Presbourg ne furent que des combinaisons jugées nécessaires pour en assurer l'exécution, et comme ils ont été le fruit des vœux et des méditations d'une grande partie de l'Allemagne, ces arrangemens ont acquis un degré de légitimité et de solennité plus grand encore que s'ils n'avaient été qu'arrachés par la victoire. Les électeurs se sont détachés du corps germanique, et l'empereur d'Autriche avait le droit d'abdiquer un titre qui n'était pour sa maison, depuis un demi-siècle, qu'une source de contrariétés et une occasion de guerres. Cette affaire était tout-à-fait étrangère à la Prusse qui avait

souvent donné l'exemple de la défection et d'une rébellion perma-
nente contre son suzerain. Rien de
plus plaisant que d'entendre ici le
roi de Prusse s'appitoyer avec tant
de bonté sur la destruction d'une
dignité dont il travaillait depuis si
long-temps à faire un vain simulacre,
dont il combattait incessamment les
prérogatives, et dont il avait secrètement encouragé les humiliations
et les désastres. L'Autriche peut encore répondre aux homélies tardives
de cette insultante pitié : *Il fallait
vous trouver aux champs d'Auster-
litz !*

Si l'envoyé de Prusse fût admis
aux négociations qui suivirent cette
journée, on ne supposera pas sans
doute, malgré la jactance du manifeste, que ce fût par la terreur
qu'elle inspirait. L'armée française

était prête à retourner en France par Berlin. Mais on crut alors jeter les fondemens d'une paix durable, et l'on voulut concilier les intérêts de la Prusse. L'exécution pleine et entière du traité, devait être suivie de l'évacuation de l'armée française; l'empereur des Français dut l'attendre. Cependant le roi de Prusse regarde le séjour forcé des troupes françaises comme un grief, mais il dissimule « il veut encore se conten- « ter de son ancien rôle ; il veut con- « server pour une époque, qui déjà « se calculait, des forces dont l'Eu- « rope avait plus que jamais besoin. » (Voyez *le Manifeste*, page 9.)

Ainsi le traité de Presbourg était à peine signé, que l'on prévoyait l'époque où l'on devait rallumer la guerre. On n'attendait qu'un instant favorable, on voulait endormir le lion : ainsi la France ne pouvait compter que sur elle-même ; on justifiait d'avance tout ce qu'elle eût voulu faire pour sa sécurité. Cependant elle ne fit rien de tout ce qu'elle pouvait. La protection qu'elle donna, un an après, à la confédération du Rhin, fut un sacrifice à la sûreté commune. Ce pacte, librement consenti, ne regardait point la Prusse : il ne lui enlevait rien ; il ne prenait ni sur ses droits, ni sur son territoire, qui se trouvait accru sans qu'il eût tiré l'épée. Les griefs accessoires qu'elle met en avant à côté des grands intérêts de l'Europe, sont des misères qui dévoilent la fragilité de ses raisons. L'indemnité pécuniaire, qu'elle sollicitait pour le prince d'Orange, n'était qu'une négociation privée ; la perte de trois abbayes pouvait être compensée ; la réunion de Wesel à l'empire français était une cession libre dans laquelle la Prusse n'avait aucun droit de s'immiscer. D'ailleurs, elle vient de se plaindre, tout à l'heure, que les princes confédérés n'étaient que des vassaux de la France; dans son raisonnement la réunion de Wesel ne changeait rien à l'état des choses.

Au reste, S. M. le roi de Prusse passe si légèrement sur ces griefs, qu'ils ne méritent pas de réfutation sérieuse. Il s'étend plus longuement sur la restitution de l'Hanovre et sur les obstacles qu'on oppose à l'établissement d'une confédération du Nord. Il sent la futilité du reste, il abandonne volontiers tout intérêt étranger; mais ces deux griefs sont insupportables..... *On touche au moment qui détermina Sa Majesté.*

Nous avons déjà vu plus haut le

roi de Prusse, après avoir pris possession de l'Hanovre en souverain,
revenant sur ses pas, ne le regarder
que comme une propriété temporaire. Il se faisait maintenant prier
de le conserver définitivement. Il
voulait avoir l'air d'en faire hom-
mage au cabinet de Saint - James
avec lequel il était déjà en négociation. Sur cette disposition bien con-
nue, le cabinet de Saint-Cloud aurait pu faire la même ouverture. Ce
n'était encore qu'une simple propo-
sition, une matière à discuter, il ne
s'agissait que de trouver une com-
pensation. Jusques-là rien ne bles-
sait l'honneur de la Prusse. Elle avait
marqué, ou pour dire plus vrai, af-
fecté tant de répugnance pour une
possession définitive, qu'il est simple qu'on crût lui rendre un grand
service en la débarrassant de cette
charge *temporaire*....

Au reste, rien n'est plus bizarre que de voir alléguer comme le motif principal d'une guerre, évidemment suscitée par l'Angleterre, une restitution qu'on voulait faire à S. M. britannique. En supposant que le roi de Prusse espérât tenir cette province de la générosité de son ancien possesseur, cela servirait à prouver quels sacrifices le gouvernement anglais sait faire lorsqu'il s'agit d'incendier le continent.

Quant au projet de la confédération du Nord, il flattait tellement l'orgueil du roi de Prusse, qu'il lui déroba long-temps le *danger* de la confédération du Rhin. En envisageant la protection souveraine qu'il voulait exercer sur ses égaux comme une dignité nouvelle, on pourrait s'étonner de l'orgueil de cette prétention, se demander par quels exploits elle était inspirée, sur quels droits elle était fondée ? La confédération rhénane avait paru nécessaire pour faire cesser les dissensions intestines dont l'Allemagne était le théâtre depuis près de deux siècles, pour régler des intérêts jusqu'alors inconciliables, et pour mettre les princes qui la composent sous la protection à laquelle ils avaient toujours été forcés de recourir. Mais la Prusse n'avait rien de plausible à alléguer pour étendre son influence sur des états indépendans : on ne les menaçait point ; elle n'avait jamais tiré l'épée pour leur défense ; sa domination n'était point nécessaire à leur sécurité. Si son but était d'opposer une confédération rivale à celle du Rhin, c'était préparer des guerres éternelles, et éloigner l'Europe du but pacifique qui avait été

l'objet de celle formée sous la pro-
tion de l'empire français.

Les villes anséatiques, qui font
depuis si long-temps envie à la
Prusse, doivent leur indépendance
à la France. Elles sont les entrepôts
du commerce européen; mais jusqu'à ce que le commerce devienne
la propriété commune des peuples,
il est important qu'elles soient sous
la protection et la surveillance im-
médiate de la puissance chargée de
détruire le despotisme commercial.

Tels étaient donc les griefs réels
de la Prusse. Ses réclamations furent
si long-temps voilées sous des formes
amicales, que l'empereur Napoléon
dut s'y méprendre. Mais enfin les
ménagemens qu'elle affectait pour le
cabinet de Saint-James, les négociations qu'elle reprenait avec la Russie, les intrigues secrètes qui se me-

nèrent avec activité entre les courti-
sans des deux sexes, vendus aux
intérêts de l'Angleterre, la mise
de l'armée prussienne sur un pied
extraordinaire de guerre, et surtout
l'obstination avec laquelle le roi de
Prusse revenait sur l'évacuation de
l'Allemagne avant l'exécution com-
plète du traité de Presbourg, tout
cela fit ouvrir les yeux. L'empereur
répondit avec fermeté, mais il garda
jusqu'au bout les égards que ses ennemis cherchaient à lui faire perdre;
on ne s'aperçut pas de sa défiance
aux témoignages d'estime qu'il crut
devoir prodiguer au général Kno-
belsdorff. On espéra long-temps que
le fléau de la guerre serait encore
écarté, mais le parti vendu à l'Angleterre l'avait décidée. Dès l'instant
de la mort de M. Fox, ou plutôt
dès le moment que ce ministre fut

assez malade pour abandonner le conseil, le parti Grenville, las d'avoir long-temps cédé à l'ascendant de son génie, reprit ses premières inclinations, et inspira ses anciennes espérances. Les négociations se hérissèrent de nouvelles difficultés. On voulait assoupir toute autre querelle; on ne vit plus d'autres ennemis que la France, et dans la folle confiance qu'inspirait sa modération, on prit sa générosité pour de la faiblesse. Les cabinets de Berlin et de Londres ne firent plus qu'un; les demandes de l'un furent concertées avec celles de l'autre, et peut-être que la Prusse eût été fort embarrassée, si la politique de la France, aussi tortueuse que la sienne, eût cédé ce qu'elle osait alors demander. Mais l'empereur des Français répondit à la demande de l'évacuation par l'augmen-

tation de son armée d'Allemagne :
il expliqua franchement ses inten-
tions ; la Prusse temporisa, mais elle
mit plus d'activité que jamais dans
ses intrigues et dans ses préparatifs
militaires.

Dans l'instant où la France indi-
gnée attendait le signal de son empereur, des journalistes suspectèrent
hautement la conduite du roi de
Prusse ; S. M. regarda ou feignit de
regarder leurs déclamations comme
une déclaration de guerre. L'empereur des Français s'était montré
moins sensible : il n'avait jamais
fait dépendre le sort des empires
et la paix des peuples, de provoca-
tions particulières. Il avait profon-
dément méprisé les libelles de Londres, comme les chansons guerrières
de Berlin. Enfin, au moment où le
départ du roi pour son quartier-gé-

néral fut fixé; où la Saxe fut en-
vahie; où la marche des Russes fut
tracée; où la mission de lord Lau-
derdale ne fut plus qu'un séjour
volontaire; où le blocus des ports
prussiens fut levé, l'empereur jugea
que sa présence était utile en Allemagne, et quelques jours après parut
cette note prussienne qui ne justifia
que trop ses pressentimens et ses
premières mesures : *ultimatum* in-
concevable, foudroyant, dont le style
n'était pas moins étrange que le fond,
et qui parut à toute l'Europe comme
un acte de démence et comme le
premier coup de canon de la campagne. Le roi de Prusse exigeait
impérativement une réponse à son
quartier-général, pour le 8 octobre,
l'armée française se chargea de l'y
porter : il n'y en avait pas d'autre à
faire; elle fut terrible. Elle laisse

un grand exemple à ceux qui seraient
tentés de tenir désormais un pareil
langage à la France.

En comparant les moyens et la
résistance de la Prusse avec ses prétentions, son langage et ses desseins,
on a peine à concevoir qu'elle ait
osé attaquer la première cette in-
vincible armée, dont toute l'Europe
avait éprouvé la valeur. Mais le
cabinet de Berlin avait pris toutes
ses mesures pour qu'on ne doutât
pas de sa folle témérité. Non content
de donner le signal de la guerre pour
le 8 octobre, il fait paraître le 9 un
manifeste où son imprudence aveugle est mise à découvert, où respire
l'esprit de ces libellistes réfugiés qui
vivent de leur fiel, se dévorent dans
leur propre infamie ; sans patrie,
étrangers à toutes les nations, rejetés
pour jamais de celle dont ils mau-

dissent la gloire , et méprisés de ceux même qui les nourrissent.

L'Empereur des Français s'est occupé de vaincre avant de répondre au manifeste du roi de Prusse. Mais maintenant la France peut demander à la Prusse laquelle des deux nations a eu le plus à se louer de l'autre ? Laquelle a été ambitieuse, fausse et perfide ? Laquelle a eu des prétentions exagérées, et suscité des guerres injustes ? La France figurait depuis mille ans entre les premières puissances du monde, que les margraves de Brandebourg n'étaient pas encore au rang des têtes couronnées. La monarchie prussienne, élevée si subitement, et par des acquisitions si équivoques au commencement du dix-huitième siècle, eut besoin de la protection de la France, et s'en est utilement servie dans ses prétentions contre les empereurs d'Allemagne. Cependant, à peine en état d'exister par elle-même, elle a songé à miner, peut-être même à détruire la puissance qui l'avait défendue. La révolution française éclata : ce fut la Prusse qui la première sonna le tocsin, appela les rois au congrès de Pilnitz, et signa la première le traité qui partageait la France? Mais dès qu'elle vit que ce partage était plus difficile à réaliser que celui de la Pologne, elle abandonna le projet aussi vîte qu'il avait été conçu, et depuis, elle n'a cessé de protester de l'amitié la plus solide envers celle dont elle avait conjuré la ruine. C'était toujours le même système. La Prusse, agrandie par des acquisitions arrachées par l'importance qu'elle savait se donner à propos, pensa que l'Allemagne et la France allaient faire la guerre à son bénéfice, et les premières campagnes prouvèrent en effet la justesse de ses vues. Mais enfin sa politique ténébreuse lassa les puissances, et dès qu'elle voulut sortir de sa neutralité, elle perdit tous ses avantages. Elle crut triompher aisément de la France ; elle disposait déjà du fruit de ses victoires ; elle soumettait la Saxe ; elle entraînait la Hesse à tromper la générosité française ; elle formait un empire immense, usurpé sans avoir combattu ! Que lui reste-t-il maintenant de tant de présomption, de projets et de trahisons ? Sept jours d'une guerre franche ont renversé l'ouvrage de cent ans d'une politique artificieuse.

Loin de nous l'idée de faire tomber sur les peuples, les fautes ou les crimes de leurs cabinets. La plupart

de ceux qui ont amené tant de calamités sur la Prusse, ont réparé les
torts de leur vie par une mort honorable. Leur courage méritait une
cause plus juste. Ils ont donné un bel
exemple, et leurs soldats n'ont pas
cédé sans gloire à la valeur française;
mais la morale de ce cabinet fut un
scandale et un fléau pour toute l'Europe, et d'autres que le vainqueur
pourront s'applaudir de sa chûte. Il
est temps que les relations des souverains prennent une tournure plus
noble et plus franche : la France veut
donner une longue paix au continent :
les dangers qu'elle a trouvés sur sa
route ne l'ont point arrêtée ; les ennemis qui lui restent ne peuvent plus
l'effrayer.

FIN.